林步 詩人

손웅꽃다리

숲속꽃마리

임보 시집

시인의 말

　이 시집 『자벌레』는 『운주천불』(우이동사람들, 2000)과 『가시연꽃』(시학, 2008)에 이어 3번째로 묶은 사단시집(四短詩集)이다. '사단시'라는 네 마디 짧은 시를 '준정형시'로 상정(想定)하여 시도한 지도 20여 년 되는 것 같다.
　시는 짧을수록 좋다는 내 지론은 변함이 없다. 더욱이 속도를 지향하는 인터넷 사회에 시가 적응하기 위해서는 시의 분량을 줄이는 문제가 불가피한 일로 보인다.
　짧은 가운데 어떻게 '울림'과 '재미'를 담을 수 있을 것인가가 관건인데 근래의 내 작품에서 그 문제가 얼마큼 성취되고 있는지 나도 궁금하다.
　여러분의 관심과 사랑을 기대해 마지않는다.

2019년 이른봄에
삼각산 밑 운수재에서
임보

차례

시인의 말

제1부 산중일기

산중일기	17
금강산	18
비백	19
누더기	20
청춘을 위한 계율	21
가난과 추위	22
두렵다	23
병은 스승이다	24
다 도적	25
숨바꼭질	26
숨바꼭질·2	27
도야	28
바가지 긁기	29
장수	30
산	31
부처	32
일경	33
양처	34

제2부 풍경

의복 37
너에게 38
반성 39
외교관의 말 40
풍경 41
출마 42
글로벌 짜깁기 몸 43
탈 인종 짜깁기 몸 44
문어 45
명함 46
기름 먹인 태안반도 47
불우 48
경마장 49
아픔에 관하여 50
여왕 51
주식시장 52
손전조전 53
필리버스터 54

제3부 레몬

사랑의 이력　57
신전리 봄　58
비둘기　59
물맛　60
슬픈 전공　61
작시법　62
자벌레　63
레몬　64
속이 환하다　65
밤 파도　66
법어　67
보름달　68
이름　69
중앙차로선　70
인물　71
진퇴양난　72
이런 것도 보시　73
등산　74
뭐가 급해　75

제4부 명명설법

고릴라는	79
술	80
목	81
산정호수에서	82
기다림	83
명명설법	84
헌책을 버리며	85
가장 아름다운 보물	86
33세에	87
몸	88
독	89
통탄	90
떠도는 소리	91
초파일	92
새	93
풍경은 흐른다	94
명성	95
해석	96
신 사주	97

제5부 까치밥

난삽한 시를 보며	101
시를	102
까치밥	103
유랑의 노래	104
생애	105
한평생	106
한평생 · 2	107
내 원 참	108
죽음에 이르면	109
시간의	110
성별을 위한 신의 설계	111
사해동포	112
공초는	113
잘 사는 법	114
포 대위	115
파도의 말	116
처신	117
화제	118

제6부 수수꽃다리

수수꽃다리	121
봄	122
꽃	123
아마릴리스	124
꽃에게	125
피난	126
우왕좌왕	127
무심하다	128
팔로워	129
가슴앓이	130
네 가지 맛	131
여름날 내 점심 반찬은	132
어느덧 12월이네	133
월동	134
호모 거짓	135
섬	136
요즘은	137
단오절에	138

제1부

산중일기

산중일기 山中日記

산중에 일력日曆이 없어도
꽃과 달이 때를 일러주고

사립문 닫혀 있어도
새와 구름이 찾아든다

* 산 속에 묻혀 사는 은자는 흐르는 세월과
찾아오는 이웃에게 마음 쓰지 않는다

금강산

산은 산이로되 기암奇巖이요
물은 물이로되 옥류玉流로다

솔은 솔이로되 미인송美人松이건만
사람은 사람이로되 낯이 참 설다

* 금강산은 천하제일의 명산인데,
 거기 사는 북녘 동포들은 참 서먹하기만 하다.

비백飛白*

백담 계곡의 바위와 바위들 속에

누가 숨겨 놓은 옥서玉書를 읽으려고

물이 억만 년을 닦고 씻어 드러낸

저 용의 갈기 같은 비백은 무엇인가?

* 비백 : 획을 나는 듯이 그어 그림처럼 쓴 서체.
* 백담사 계곡은 물도 맑은데, 그 물에 씻겨 드러난 돌의 흰 무늬들이 마치 글씨의 획 같기도 하고 용의 갈기 같기도 하다.

누더기

깁고 기운 만신창이
누더기 승복

구멍 낸 청바지보다
멋스러워라

하지만, 저 남루를
자랑한다면

탈을 쓴 교만 같아
향기 없어라

* 고승들이 걸치고 있는 누더기 승복은 맑고 향기롭다.

청춘을 위한 계율戒律

숨어 살지도 말고,

드러나 살지도 말라!

그러면 어떻게 살라고?

네 멋대로 살아라!

* 삶에 정도正道가 있는 것이 아니다. 그러므로
가장 현명한 삶은 제 뜻대로 사는 삶이다.

가난과 추위

추위는 사람을 가깝게 하고
더위는 사람을 멀리 한다

가난은 추위를 닮고
부귀는 더위를 닮는다

* 추운 겨울이면 우리는 서로 몸을 기대며 체온을 나누기도 한다.
그러나 무더운 여름이면 곁에 누가 다가오는 것도 싫다.
가난은 이웃에게 인정을 베풀지만 부귀한 자는 대개 몰인정하다.

두렵다

바닷가엔 물이,
산 속엔 불이

도시엔 수레가,
광야엔 짐승이…

그러니
어떻게 산다?

목숨을 내걸고
사는 수밖에

* 얼마 전엔 쓰나미라고 하는 해일이 해안을 휩쓸고 지나갔다.
또 몇 해 전엔 화마가 강원도 산간지대를 폐허로 만들고 말았다.
도시도 들판도 이 지상에 안전한 곳이란 없다.

병은 스승이다

육신의 귀함을 잊고 사는

어리석은 사람들에게

육신의 유한함을 일깨우고

자신을 소중히 간직하라는 경고.

* 만일 육신이 아픔을 못 느낀다면
인간들이 제 몸을 얼마나 함부로 다룰까?

다 도적

남의 주머니 속을 터는 놈만 도적이 아니라

곡식을 거두는 농부도, 고기를 낚는 어부도

글자를 익혀 벼슬 사는 자도 다 도적이고

절간에서 염불로 밥을 비는 스님 또한 그렇다

* 모든 생명들은 다 훔치며 살아가니 도적 아닌 존재가 없다.

숨바꼭질

꼭꼭 숨어라
머리카락 보인다

꼭꼭 숨어라
발가락이 보인다

* 우리 사는 삶도 어린이들의 숨바꼭질 놀음과 다름없다.
  자신을 열심히 감추며 살아간다.

숨바꼭질 • 2

종일 시를 찾았다

꿈에 시를 만났다

아침에 시를 놓쳤다

평생 시와 숨바꼭질이다

* 놓친 물고기가 커 보인 것처럼 잃은 시의 허전함이여!

도야渡夜[*]

두 홉짜리 소주병 스무 개를 타고

밤을 새워 새워 건너갔건만

눈을 비비며 아침에 다다른 곳은

바로 어젯밤 떠났던 이승의 그 문턱

[*] 밤을 새워 술을 마셔 보았는가?
허나, 술로 세상을 넘을 수는 없다.

바가지 긁기

옛 여인들이 긁은 바가지는

쌀이 떨어졌다는 신호였는데,

오늘 여인들은 긁을 바가지 없어

남편의 골바가지나 긁는 수밖에…

* 요즘 쌀이 떨어졌다고 바가지를 긁는 여인은 없겠지만
남편들은 얼마나 많은 일들로 해골을 긁히며 사는가?

장수長壽

솔잎은 바늘처럼 가늘지만
한겨울까지 가고

오동잎은 돛처럼 넓지만
겨우 한여름 버티네

욕심 적은 이의 깊이여!

조부님 소식小食하신 뜻
이제 겨우 알 만하네

* 크고 많다고 다 좋은 것은 아니다. 적은 것이 좋을 때도 있다.
 장수의 비결은 소식이다.

산

산은
산이 아니라고 하고

또
산은
산이라고 한다

오리무중

도대체
산은
어디 있는가

* 부정과 긍정, 선사들의 인식론이다.
현상을 진상으로 받아들이는 것도 잘못이고,
그렇다고 현상을 거부하고 허무에 **빠진** 것도 문제라는 뜻이리라.
그러니 어떻게 하라는 것인지 어렵기는 마찬가지다.

부처

도적들의 소굴에
부처가 있다니

도적의 두목
저 놈인가?

* 부처가 네 마음속에 있다고 한다. 도대체
오욕칠정으로 뒤얽힌 이 소굴 어디에 숨어 있다는 것인가?

일경一徑*

내 하루의 반경은
겨우 버스 뒤 정거장 구간

뛰어 봐야
운수재*와 시수헌* 사이

* '삼경三徑'이란 말이 있는데,
한漢의 은사 장허張詡가 뜰에 작은 길 세 갈래를 내고,
송죽국松竹菊을 심어 친구 양중羊仲, 구중裘仲과만 사귀고
세상에 나오지 않았다는 데서 유래한 말이다.
이를 패러디해서 '일경'이란 말을 만든 것이다.
* '운수재韻壽齋'는 임보의 당호堂號, '시수헌詩壽軒'은 우리시회 사랑방.

양처

명석한 아내는
살림을 잘 하지만

지혜로운 아내는
가정을 평안케 한다

* 그럼 양부良夫는?
돈을 잘 버는 사내!

제2부

풍경

의복

옷이 털을 죽인 것이 아니라

털을 대신해 옷을 만들었다

인간의 교만을 죽이려

하늘이 털을 뽑아버렸는데…

---

* 나는 진화론을 믿는다.
 인간이 옷을 걸치면서 털이 퇴화한 것이라고 여겼는데 생각이 바뀌었다. 털을 잃게 되자 옷을 만들어 입었다.

너에게

너, 이젠 나와 마주칠 생각 하지 말라

너, 내 가는 자리에 끼어들 생각 말라

너, 내 집 앞을 지나갈 생각도 아예 말라

한평생 날 붙들고 뒤흔든 술, 이 화냥놈아!

* 나이가 들어가면서 이젠 술을 멀리 해야겠다는 생각을 자주하게 된다.
그러나 한평생 정든 놈을 어찌 하루아침에 내팽개칠 수 있단 말인가.
그래서 결심은 늘 도로아미타불이다.

반성

일곱 살 손자놈 야단치다가

나도 저랬으려니 문득 생각커

가신 조부님께 미안도 해라

철들면 다 알 걸, 내버려두자

* 미운 일곱 살이라는 말도 있기는 하지만 요즈음 아이들은 참 부잡스럽다.
 나는 안 그랬을 것 같은데…, 조부님이 아니 계시니 물어볼 길이 없다.

외교관들의 말

maybe는 no의 뜻이고

yes는 maybe라고 한다.

예, 아니오도 그리 어려운데

무슨 재주로 협상들을 하나?

* 외교관들의 말은 너무 완곡해서 그 진의를 파악하기 쉽지 않다고 한다.
 그런 복잡한 세계에 발 들여 놓지 않은 것이 천만다행이지 싶다.

풍경風磬

아, 누구신가?

허공에

물고기를 매달아

날개를 기르려는 이!

* 절의 처마 끝에 매달린 풍경風磬, 그것을 때린 추에 쇠물고기를 매달아 놓았다.
그 물고기의 어깨에 언제 날개가 돋아 허공을 날 수 있겠는가.
해탈의 길은 그처럼 아득하다는 뜻인가?

출마出馬

입후보자들이 뛰는 모양이

경마장의 말들과 다를 것 없다

말에 목맨 자들이 난리들이다

그래서 '출마出馬'라고 하나 보다

* '출마'는 말을 타고 세상에 나간다는 뜻이렸다.
그러나 요즘 입후보자들은 마치 경마장에서 뛰는 말과 같다.
기수의 채찍에 얻어맞고 달리는 것도 그렇거니와
뛰는 말에 돈을 걸고 난리를 친 관객들도 아주 흡사하다.

글로벌 짜깁기 몸

콩팥은 중국산

허파는 태국산

간은 필립핀산

장은 베트남산

* 지금도 외국인의 장기들이 많이 이식되고 있는 모양이다.
  머지않아 국제적인 짜깁기 몸을 가진 사람들이 늘어날 것 같다.

탈 인종 짜깁기 몸

돼지의 장

소의 위

원숭이 골

개의 신

* 소위 바이오산업이 발달하면 동물들의 장기도 인체에 이식하게 될지 모른다.
  인간과 동물의 경계가 무너지는 세상이 올 것만 같다.

문어

문어는 배가 고프면

제 발을 뜯어 먹는다

뜯겨도 다시 돋아나니

별로 걱정할 것 없다

* 문어는 플라스틱 가짜 가재 미끼로도 쉽게 잡아 올린다고 한다.
제 발도 먹이로 알고 뜯어먹는 놈이니 별로 이상할 것도 없다.
그러나 **뼈**가 없는 그놈을 보면 왠지 적막하기만 하다.
어떤 정치판이 떠오르기도 한다.

명함

문학 석사 시인 ×××
×× 중학교 동창회 간사
경주×씨 종친회 사무차장
× ×구 발전회 추진위원

* 어떤 시인의 명함을 들여다보며 잠시 황당해 한다.
아마도 차기 구의회의원쯤에 출마할 사람 같다.

기름 먹은 태안반도

고기 떼들 지옥이요
어민들은 한숨이라

봉사자들 땀투성인데
정치꾼들 선전판이라

* 재난 구조 현장에서도 정치꾼들은 한목 챙기기에 바쁘다.

불우不遇

꿈에 시가 찾아왔다

너무 깊어 밤새도록 주註를 달았다

아침에 일어나 찾았더니

다 떠나고 없다

* 더러 꿈속에서 시상을 얻는 수가 있다.
 그럴 듯하다고 생각해 열심히 간직해 두지만 깨고 나면 참 속절없다.

경마장

아직도 달릴 만하느냐?
그러면 세상이 너를 뛰게 할 것이다

그러나 이미 힘에 겹다면
누가 네 등에 올라타려 하겠느냐?

* 우리도 경마장의 말과 다름이 없다.
 잘 달리는 말에 마권이 몰리듯이 인간의 염량세태도 그와 다르지 않다.

아픔에 관하여

만약, 아픔이 아픔이 아니라 기쁨이라면
손에 찔린 가시를 누가 뽑아내겠는가?

만약, 감미로운 현악기로 공습경보를 울린다면
반공호로 피신할 사람이 누가 있겠는가?

* 신의 섭리는 참 놀랍기만 하다.
육신에 위험이 왔을 때 '통증'으로 경고를 보낸다.

여왕

사람들아, 민주주의 그만두고

우리도 차라리 여왕을 모시자

저 개미나 벌, 곤충들의 세상을 보라

얼마나 평화롭게 잘 살아가는가?

* 백성들이 스스로 지도자를 선택하겠다는
소위 민주주의의 발상은 생명계의 큰 반란이다.
장차 인간은 민주주의 때문에 망하리라.
저 싸움판을 보라, 어디에 민의가 대변된단 말인가.

주식 시장

나는 주식을 모른다, 그러나
돈 놓고 돈 먹기, 노름과 무엇이 다른가?

노름판에서 개평을 떼듯
증권거래소만 재미를 보는 도박장이다

* 나는 주식의 문외한이어서 그런지 이런 생각이 든다.
주가가 올라 누가 재미를 보았다면 상대적으로
누군가가 손해를 보았다는 것은 아닌가?

손전조전孫傳祖傳[*]

어제
스마트폰에 빠져 있는 손자놈 보고
나무랐는데…

오늘
인터넷만 기웃거리다가 나도
하루 공쳤다

[*] 부전자전父傳子傳을 패러디해서 만든 말.

필리버스터*

들어주는 놈도 없는데
한평생 주절대고 있는

'詩'라는 내 글도
그 꼬락서니다

---

* 필리버스터(filibuster) : 의사진행을 지연시키는 무제한 토론.
* 의장 직권상정된 테러방지법의 처리를 무산시키기 위한 야당의 필리버스터가 2016년 2월 23일 19시 5분부터 시작되어 동년 3월 2일 19시 32분에 종료되었다.

제3부

레몬

사랑의 이력

손가락이 자람에 따라
반지를 바꾸어 끼듯

사내들은 성장하면서
여자들을 바꾼다

* 하기야 어찌 남자들만의 일이겠는가?

신전리 봄

아미산 산자락에

대숲 마을

이른 봄 배밭에

배꽃이 일면

돌각담 골목마다

밝은 웃음들

떠가던 흰 구름도

발길 멈추네

* 곡성 목사동 고을에 신전리新田里라는 마을이 있다.

비둘기

개밥 그릇에 고인 빗물을

한 번 찍어먹다 힐끗 보고

또 한 번 찍어먹다 힐끗 보고

빈 개집이 이상타는 듯

* 십여 년 함께 살던 개가 세상을 떠났는데
아직도 그가 거처하던 집이 뜰에 남아 있다.
평소 개밥그릇 주변을 어정거리며 먹이를 엿보던
비둘기가 찾아와 기웃거린다.

물맛

소금은 너무 짜고
고추는 너무 맵다

땡감은 너무 떫고
청매는 너무 시다

감초는 너무 달고
소태는 너무 쓰다

이 아침, 한 잔
맛 없음의 물맛이여!

* 최상의 맛은 무미無味다. 그래서 물의 맛이 없나 보다.

슬픈 전공

이발사는 머리만 보고

신기료는 신발만 보고

요리사는 식칼만 챙기고

재단사는 가위만 찾고

* 사람들은 다 자신의 직업 쪽으로 **삐딱**하게 기울어 있다.

작시법

상징은 부드럽고
역설은 날카롭다

환유는 따뜻하고
은유는 눈부시다

* 한 마디로 줄이면, 시의 기법은 비유다.

자벌레

순례의 길을 가는
라마의 선승처럼

어느 성지를 향해
그리 바삐 가시는지

가사袈裟도 걸치지 않은
저 푸른 맨몸

일보궁배一步弓拜*
일보궁배一步弓拜

* 일보궁배一步弓拜 : 매 걸음마다 활처럼 온몸을 굽혀 하는 절.

레몬

얼마나 그리다 지쳤기에
그처럼 신맛을 지녔을까?

내 속을 열면 아마도 네가
한 섬쯤 쏟아져 나오리라

* '그리움'을 형상화해 본 글이다.

속이 환하다

붉은 산호로 빚은 황홀한 공동空洞
벽을 감고 돌아가는 회오리 나선형
달팽이 집 속 같은 노을빛 고운 세상
내시경으로 들여다본 내 대장 속 풍경

* 참 신기한 세상이다.
  제 창자 속을 제가 들여다볼 수 있다니 –

밤 파도

얼굴을 다 잃어버린

유령의 흰 눈썹들이

끝없이 뭍으로 달려와

개펄에 몸을 부린다

* 어둠 속에 밀려오는 하얀 파도들은 유령의 이빨 같기도 하고 흰 눈썹 같기도 하다.

법어 法語

어느 선사는

'산은 산이 아니다'

또 어느 선사는

'산은 산이다'

어느 말씀이 맞습니까?

'두 말씀 다 맞다!'

* 앞의 정의는 시간적 관점에서의 정의다.
이 세상에 변하지 않는 것은 없다.
바다 밑이 솟아올라 산이 되기도 하고,
산이 무너져 바다에 묻히기도 한다.
한편 뒤는 공간적 관점에서의 정의다.
일이관천(一以觀千), 하나만 보아도
천 가지를 미루어 짐작할 수 있다.
하나의 산만 보고도 천 가지 산을 알 수 있고,
하나의 강만 보고도 만 가지 강을 짐작할 수 있다.
그 산이 그 산, 그 강이 그 강이다.

보름달

우리 고모 밤마실

길 어둡다고

저리도 환한 등롱을

누가 매달았나?

* 가로등이 없었던 시절엔 달빛이 얼마나 고마웠는지 모른다.

이름

추은화秋銀花라고 했다

모양도 향기도 다 잊었지만

이름만 남아 있다

꿈속에서 본 그 꽃—

* 감각의 내용보다는 의미가 더 오래 남는가 보다.
 유년의 기억들도 그렇다.

중앙차로선

정체된 차들로 도로는 꼼짝달싹하지 않는다
러시아워에 버스를 타고 가면서
버스 전용 중앙차로선을 달리면서 생각한다
모든 정책이 이처럼 서민 우선이면 괜찮겠다고 -

* 러시아워에 버스를 타고 달려 보시라.

 정체된 승용차들을 뒤로 하고 달리는 기분이 얼마나 장쾌한가.

인물

한 사람의 죽음이 온 세상을 뒤흔들고 있다
신문이란 신문은 온 지면을 그의 기사로 도배를 하고
방송이란 방송은 며칠을 두고 그의 보도로 시끄럽다
빈 라덴도 카다피도 김정일에겐 족탈불급이다

* 그가 얼마나 대단한 인물인지는 죽을 때 보면 가늠할 수 있다.

진퇴양난

선거에 뛰어든 무모한 아들을 두고
아버지가 중얼거렸다

저놈이 안 되면 집안이 망하고
저놈이 되면 나라가 망하고……

* 돈을 안 쓰고 치르는 선거는 없을까?

이런 것도 보시

별로 맛없는 음식 잘 먹어 주는 것도

별로 재미없는 말에 귀 기울여 주는 것도

별로 인기 없는 배우에게 싸인 받는 것도

별로 찾는 이 없는 전시장에 들어가 보는 것도

등산

두 발로 산을
오르며 생각한다

지구를 굴리기가
쉽지 않구나!

뭐가 급해

죽으면 다 벗어날 텐데

저 스님 뭐가 급해

미리 해탈하겠다고

밤을 새워 염불인가!

제4부

명명설법

고릴라는

집을
짓지 않는다

집은
몸을 묶기 때문

* 인간도 두터운 가죽과 털을 지녔다면 굳이 옷과 집을 가지지 않아도 될 터인데
 참 번거롭고 힘들기만 하다.

술

술처럼 좋은 음식은 없다
술처럼 위험한 음식도 없다

술을 이기는 자가
세상을 지배한다

* 세상을 움직이는 것은 사람이 아니라 술이다.
 모든 회담의 주빈은 술병이지 않던가?

목

최상의 악기는
목이다

최악의 악기도
목이다

* 어떠한 악기의 음색도 나나무스꾸리를 따라갈 수 없다.
그러나 음치의 노래를 듣는 것처럼 괴로운 일도 없지 않던가?
같은 목을 누구는 악기로 만들고 누구는 그냥 버려둔다.

산정호수에 가서

온종일 노닥거리다
술로 산과 물을
다 재우고
밤늦게야 돌아왔다

* 자연은 역시 술과 더불어 즐겨야
그 진수에 닿을 수 있는 모양이다.

기다림

첫눈이 오면 만나자고 했는데
그대 창 밖에만 내리면 어떡하지?
아니, 내 뜰에만 내리면 어떡하지?
눈이여, 첫눈이여, 함께 와 다오

* 첫눈이 내릴 때 만나자는 것처럼 부질없는 약속이 어디 있는가?

명명설법鳴鳴說法
— 검은등뻐꾸기의 울음소리

홀딱 벗고 홀딱 벗고

이쪽 보고 저쪽 보고

조끔 참고 조끔 참고

허탕 치고 허탕 치고

* 그놈의 뻐꾸기 울음소리가 귀에 걸면 귀걸이 코에 걸면 코걸이다.

헌책을 버리며

내용이 괜찮은 것들은 다시 골라 잡고
모양을 공들여 만든 것들도 다시 거둔다

마음이 고운 사람도 오래 남고
태도가 바른 사람도 사랑을 받으리

* 방은 좁고 책은 넘쳐 골라내 버리면서 생각한다.
오래 버티려면 마음과 모양새도 괜찮아야 되겠다고-

가장 아름다운 보물

여인이 지닌 가장 아름다운 장식은
보석이 아니라 부끄러워함이다

부끄러움을 잃어버린 여인이여
그대는 더 이상 미인이 아니다

* 여인이 제일 아름다울 때는 부끄러워할 때다.

33세에

어떤 이는 그 나이에

세상을 짊어지고 갔건만

그놈은 빚을 짊어지고

싱싱한 몸을 바다에 던지다니…

* 내가 아는 한 젊은이가 빚을 못 이겨 세상을 떠났다.
 그리스도가 십자가에 못 박혔던 나이인데 참 안타깝다.

몸

네 몸이 무언지 알고 싶거든
한 송이 꽃을 보라

네 몸이 이 꽃보다 더 신묘하다
네 몸이 곧 성전聖殿이다

* 우리의 몸은 우주를 담고 있는 그릇, 아니 소우주다.

독毒

향이 들어 있는 항아리는 향기가 나고
독이 들어 있는 독[甕]에서는 독기가 나온다

네 말에 독을 품지 말라
독을 담은 네 몸이 먼저 무너지리라.

* 어떻게 하면 몸에서 향기가 날까? 어떻게 몸에 향을 실을까?

통탄痛嘆

"이놈!" 하고
왜 멱살을 못 잡았던고!

그렇게 떨어질 줄
미리 알았더라면……

* 인간은 한 치 앞을 내다보지 못하고 멍청하게 살아간다.
능소화처럼 진 그놈, 참!

떠도는 소리들

허공이 텅 비었다고?

구름과 비바람은 그만 두고라도

라디오며 휴대폰 찾아가는 그 소리들

얼마나 시끌벅적 출렁거릴까?

* 허공에 떠도는 수많은 전파들이 서로 뒤엉키지 않고
  열심히 찾아들 가는 걸 보면 참 신기하다.

초파일

위에서는 방생

밑에서는 다시 투망

사람들 등살에

저 몸이 다 헐었다

* 방생한 물고기를 다시 잡아 방생용 물고기로 거듭 팔기도 한다.

새

한 마리 새가 비에 젖고 있다

한 가닥 나뭇가지가 그를 받치고 있다

이따금 고개를 흔들어 젖은 몸을 턴다

이웃도 가족도 없는 떠돌이인가 보다

* 비상을 멈춘 새는 고독하다.

풍경은 흐른다

내가 걸어왔던 같은 길이지만

돌아다보는 풍경은 얼마나 낯선가?

풍경 속에 들면 이미 그 풍경은 아니다

걸음마다 산이 무너지고 호수가 다가선다

* 같은 길이지만 되돌아오는 풍경은 많이 낯설다.
움직일 때마다 우리의 시야- 풍경은 바뀐다.

명성

저 아프리카 나이지리아에서 온

백발의 흑인 노인 월레 소잉카

카메라와 군중들을 몰고 다닌다

그래서들 노벨상에 그리 연연한가 보다

* 2012년 여름에 경주에서 세계펜클럽대회가 열렸는데
  소잉카가 참석했다.

해석

'眞'은 속이지 말라는 뜻!

'善'은 남을 생각하라는 뜻!

그러면 '美'는 뭐지?

칭찬에 인색하지 말라는 뜻!

* 당신은 저 꽃처럼 아름답습니다 그려!

신 사주新 四柱

시주時柱, 때를 잘 타고 날 것
지주地柱, 터를 잘 타고 날 것
인주人柱, 이웃을 잘 타고 날 것
물주物柱, 밥을 잘 타고 날 것

* 사주四柱는 원래 태어난 해[年], 달[月], 날[日], 때[時]를 이르는 말이다.
 그런데 삶의 질을 결정하는 것은 시간적 배경뿐만 아니라 공간적 배경도 중요하다.
 또한 건강한 몸으로 태어나야 하고 부모, 친구, 이웃을 잘 만나야 한다.
 그리고 물질적인 여건 또한 생을 좌우하는 무시할 수 없는 요건이다.

제5부

까치밥

난삽한 시를 보며

폭탄과 독약이 저렇게 판을 치고
사기와 협잡이 또한 난무한 세상인데
마음을 어지럽히는 저런 글쯤은
애교에 가까운 투정일지도 모른다

* 세상이 이처럼 혼란스러운데 시만 순수하기를 바란다면
 과도한 욕심이 아니겠는가.

시詩를

미당未堂은 노래라 믿었고
대여大餘는 말놀이라 여겼다
말장난에 말지랄들
시인들은 다 정신착란증 환자들!

* 미당未堂은 서정주, 대여大餘는 김춘수 시인의 아호다.
예나 지금이나 시인들이란 어디가 좀 모자란 사람들인지 모른다.

까치밥

찬 하늘 빈 가지에
매달린 감 한 알

빈자의 등불처럼
환합니다

까치 부부 기웃대다
차마 못 먹고

침만 꼴깍이다가
날아갑니다

* '빈자의 등불'은 '빈자일등貧者一燈'의 불교 설화 —
곧 가난한 여인이 바친 등불이 오래 꺼지지 않았다는 고사를 뜻함.

유랑의 노래

천 리를 가도
만 리를 가도

그 산은 그 산
그 물은 그 물

밥이며 옷이며
술이며 노래며

눈맛도 입맛도
이젠 다 헐었다

* 한평생 떠돌다 보면 다 그것이 그것 같아 별 맛이 없다.

생애

하루살이의 일생은 하루지만

나무의 수명은 수천 년인 경우도 있다

사람은 길면 한 백 년인데

별은 수백 억 년을 헤아리기도 한다

* 사람의 수명이 길지 않다고 안타까워 할 것도 없다.

한평생

소주 몇 병 비우고,

영화 몇 편 보고,

꽃구경 몇 번 하다 보니,

어느 덧 석양이네.

* T. S. 에리엇은 커피 스푼으로 인생을 쟀다지만
나는 소주잔으로 인생을 폈다.

한평생 • 2

돌이켜 보니

이러쿵저러쿵

쓸데없이 말만

배우다 말았다

* 버나드 쇼가 그의 묘비명을
'우물쭈물하더니 너, 이리 될 줄 알았다'라고 써 달라 했다던가?

내 원 참

詩가 대접 받았던 시대에 살았던 랭보(A. Rimbaud)는
약관이 되기도 전에 詩를 내동댕이쳤는데

詩가 천대 받고 있는 시대에 살고 있는 임보林步는
한평생을 詩에 매달려 버둥대고 있는 바보…!

* 프랑스의 천재 시인 랭보(1854~1891)는 일찍 시를 버리고 세상을 떠돌았다.

죽음에 이르면

세상이 한바탕 꿈인 것을 누구나 깨닫는데
그걸 미리 깨치겠다고
한평생 화두에 매달려 꼼짝달싹 못하는
저 노승 참 답답도 하다

* 돈오頓悟, 견성見性을 말하지만 결국 깨닫는 것은 '덧없음'이 아니겠는가?

시간의

에스컬레이터에 실려
하루
또 하루
그렇게 밀려간다

* 삼라만상이 시간의 에스컬레이터에 실려 가고 있다.

성별을 위한 신의 설계

남성의 목소리는 굵고 낮게
여성의 목소리는 가늘고 높게

남성의 턱엔 수염을 달고
여성의 턱은 그냥 밋밋하게

* 양성이 드러나도록 신은 설계를 했다.
 그래야 서로 짝을 찾는데 용이할 것이 아닌가?

사해동포四海同胞

풀도 벌레도
새도 나무도
사람도 짐승도
다 한 식구로다

* 모든 생명은 다 한결같이 소중하다.

공초는

세상에 남긴 작품도 별로 없지만
삼각산에 덩그렇게 유택을 차지하고
대를 이을 후손도 두지 않았지만 매년
문인들을 떼로 불러 제사를 잘 얻어 자신다

* 시인 오상순(吳相淳, 1894~1963)은 애연가여서 공초空超라는 별명을 얻었다고 한다.
 평생 거처도 없이 독신으로 떠돌이 삶을 살았지만 사후는 유복하다.
 한 사람의 제자를 잘 둔 덕분이다.

잘 사는 법

똥개가 내일을 모르듯
뱁새가 창공을 모르듯
잡초가 절망을 모르듯
바위가 아픔을 모르듯

* 식자우환識字憂患이란 말이 있지 않던가? 모르는 것이 약이다.

포 대위

젊은 날의 구상 시인은
박격포에 한 팔을 잃은
괴죄죄한 상이용사를
구멍동서라며 데리고 다녔다

* 팔이 없는 포 대위를 사창가의 여성들도 싫어했던가 보다.

파도의 말

나는 몇 억 년을
이렇게 철석이고 있는데

너는 겨우 며칠
부딪다 말고 주저앉는구나!

* 몇 억 년을 밀려오는 파도를 보면서 사람들은 반성할 일이다.
 겨우 몇 번 해 보고 안 된다고 물러서다니….

처신處身

몇 십 년 쌓은 탑이
하루아침에 무너지기도 하고

한번 찍힌 낙인烙印이
한평생 지워지지 않기도 한다

* 한순간의 실수가 평생의 걸림돌이 될 수 있다.

화제

나는 몇십 년 만에 만난 친구와도
몇 마디 얘기하면 할 말이 동나는데

전철 옆 좌석 초면의 저 여인들
설왕설래 얘기가 끝이 없다

* 여성이 더 개방적인가 보다.

제6부

수수꽃다리

수수꽃다리

벌의 덕분에 호사로다
이 눈부신 봄날
모르핀처럼 스며드는
저 알싸한 향기

* 봄날 알싸한 라이락 향기에 발걸음을 멈춘 적이 없는가?

봄

얼어붙은 대동강도
서서히 풀리겠지…

북녘 산비탈에도
민들레가 피어나겠지…

* 해마다 봄은 다시 찾아오건만 한반도의 해빙은 기약이 없다.

꽃

봄에 피는 꽃들이
무슨 꽃이랴!

서리 속의 저 국화여!
눈 속의 저 매화여!

* 역경 속에 이룬 성과가 더 값지다.

아마릴리스

곡마단 피에로의 웃음처럼

루돌프 꽃사슴의 뿔처럼

풀나라 공회당의 나팔처럼

황홀한 천국에의 예언처럼

* 상사화는 잎이 진 뒤에 꽃이 피는데 아마릴리스는 반대로 꽃이 먼저다.

꽃에게

늦게 핀 꽃이
더 귀하고 곱다
그대여,
아직 늦지 않다

* 아직 꿈을 버릴 때가 아니다.

피난

삼동의 추위가 힘들면
삼복의 더위를 생각하고

삼복의 더위가 힘들면
삼동의 추위를 생각하고…

* 세상 만사가 마음에 달렸다.

우왕좌왕

흥겨운 노래 들으면
나도 소리해 보고 싶고

고운 수묵화 보면
나도 붓을 잡아보고 싶고

간드러진 춤사위 만나면
내 어깨도 절로 들썩이고

아직도 우왕좌왕
정신 못 차린 이 백발의 청춘!

* 부질없는 욕심으로 영일이 없다.

무심하다

내 아버지가 그렇다고
젊은 날 생각했는데

지금 내 꼴을 보니
어느덧 나도 그렇다

* 거울 속에 비친 얼굴에서 문득 선친의 모습을 본다.

팔로워

어떤 배우는 몇 백만
어떤 정치인은 몇 십만
어떤 작가는 몇 만
나도 몇 십 명은 된다!

* 페이스 북이 요즘 내 친구다.

가슴앓이

코쟁이 콧방귀에도
가슴이 콩닥

왕서방 떡 치는 소리에도
가슴이 떨렁

대동강 불꽃놀이에도
가슴이 벌렁

집사람 그릇 부딪는 소리에도
가슴이 덜컹

* 매일 가슴 조이며 살아가는 삶이다.

네 가지 맛

산해진미 먹는 재미
천하명승 보는 재미
삼현육각 듣는 재미
원앙금침 자는 재미

* '고관대작 누리는 재미'도 있다고?

여름날 내 점심 반찬은

풋고추에 날된장만 있으면 닥상이다
보리밥에 찬물 말아 훌훌 넘기는 그 맛!

열무에 날된장만 있으면 닥상이다
보리밥 열무쌈 우적우적 씹는 그 맛!

* 해마다 내 뜰에 고추와 열무를 심는다.

어느덧 12월이네

밥 몇 술 뜨다 보니

술 몇 잔 켜다 보니

잠 몇 밤 자다 보니

시 몇 수 읊다 보니

* 흐르는 세월이 전광석화라더니!

월동

영하 14도의 한겨울에

친구가 보내준 야동을

아내 몰래 보며

언 가슴을 녹인다

호모 거짓*

지상의 모든 자서전은 물론
참회록조차도 믿지 말라

인간은 자신에 관해
진실을 결코 말하지 않는다

* 정직하지 않음이 '인간'의 한 특성이다. Homo Hypocrisy!

섬

섬을 받치는 건
물이 아니라

보이지 않는
뭍이다

요즘은

신문도 책도 읽지 않고
영화도 극도 다 끊었다

여행을 떠나기도 귀찮고
맛집을 찾기도 번거롭다

* 그럼 무얼 하느냐고?
매실주나 홀짝이며 종일 페북이나 들락거린다.

단오절에

전화도 종일 묵언정진이다
카페며 페북에도 두문불출
뜰의 왕고들빼기 나라
개미군단의 분열식 참관 중!

숲속곶다리
ⓒ임보, 2019, Printed in Seoul, Korea

초판 1쇄 인쇄	2019년 4월 20일
초판 1쇄 발행	2019년 4월 25일

지은이 | 임　보
발행인 | 홍해리
편　집 | 방수영

펴낸곳 | 도서출판 움

등록번호 | 제2013-000006호(2008년 5월 2일)
01003 서울시 강북구 삼양로 159길 64-9
전화 | 02) 997-4293
전자우편 | urisi4u@hanmail.net

ISBN : 978-89-94645-48-3 (03810)

* 잘못된 책은 바꾸어 드립니다.
* 지은이와 협의하여 인지를 생략합니다.
* 이 책의 판권은 지은이와 도서출판 움에 있습니다.

* 이 도서의 국립중앙도서관 출판예정도서목록(CIP)은 서지정보유통지원시스템 홈페이지(http://seoji.nl.go.kr)와 국가자료공동목록시스템(http://www.nl.go.kr/kolisnet)에서 이용하실 수 있습니다.
(CIP제어번호 : 2019014969)